COLLECTION

D'ANTIQUITÉS

VASES PEINTS, BRONZES, PEINTURES,

DE

FEU M. AD. N. DES VERGERS.

DONT LA VENTE AUX ENCHÈRES AURA LIEU

Les VENDREDI 26 et SAMEDI 27 avril 1867,

à 2 heures précises,

Hôtel des Commissaires-Priseurs, rue Drouot, n° 5,

SALLE N° 2, AU PREMIER ÉTAGE.

Me CHARLES-PILLET, COMMISSAIRE-PRISEUR, rue de Choiseul, 11,
Assisté de MM. Rollin et Feuardent, experts, 12, rue Vivienne.

EXPOSITION PUBLIQUE

Les jours de vente, de 1 à 2 heures

PARIS
IMPRIMERIE DE AD. LAINÉ ET J. HAVARD,
RUE DES SAINTS-PÈRES, 19

1867

CATALOGUE

DE LA

COLLECTION D'ANTIQUITÉS

(VASES PEINTS, BRONZES, PEINTURES)

DE

FEU M. AD. N. DES VERGERS.

Il y aura exposition publique les jours de vente, de 1 à 2 heures.

CONDITIONS DE LA VENTE.

Elle sera faite au comptant.
Les acquéreurs payeront cinq pour cent en sus des enchères.

CATALOGUE

DE LA

COLLECTION D'ANTIQUITÉS

(VASES PEINTS, BRONZES, PEINTURES)

DE

FEU M. AD. N. DES VERGERS,

Correspondant de l'Institut,
Membre de la Société des Antiquaires de France, de l'Institut archéologique de Rome
de l'Académie pontificale d'archéologie
de la Société des antiquaires de Londres, etc., etc.

PARIS
IMPRIMERIE DE FIRMIN DIDOT FRÈRES, FILS ET Cie
IMPRIMEURS DE L'INSTITUT DE FRANCE
rue Jacob, 56.

1867

AVERTISSEMENT.

La collection dont nous donnons ici le catalogue est le produit de fouilles exécutées aux frais de feu M. Ad. Noël des Vergers. Ce savant, dont nous avons à regretter la perte récente et si inattendue, avait bien voulu nous charger de décrire ses antiquités. Malheureusement, en nous acquittant d'un devoir qui nous est doublement cher, nous nous trouvons privé de la direction qui nous avait été promise, et qui nous aurait permis d'apporter à notre travail plus de précision et d'intérêt.

En effet, M. des Vergers connaissait tous les détails des différentes fouilles qu'il avait fait pratiquer dans les tombeaux de l'Étrurie, par M. le colonel François, tant à Chiusi, de 1850 à 1851, qu'à Vulci en 1856, et pendant les mois d'avril et mai 1857. A la vérité, le savant antiquaire a décrit, dans son bel ouvrage intitulé : *l'Étrurie et les Étrusques, ou dix ans de fouilles dans les Maremmes toscanes,* quelques-uns des objets qui vont être mis en vente; mais la majeure partie de sa collection ne lui avait été livrée que postérieurement à la publication de son livre.

Nous signalerons à l'attention des connaisseurs deux peintures d'Herculanum (n°s 257 et 258), morceaux dont la rareté n'a pas besoin de commentaire; et, parmi les bronzes, des instruments de foyer extrêmement curieux (nos 242 et 243).

Au nombre des vases, il faut citer en première ligne le charmant lion si finement modelé, décrit sous le n° 174; c'est une des pièces capitales de la collection.

L'importante série des poteries étrusques de pâte noire nous offre deux vases (nos 1 et 2) d'une dimension peu commune, et remarquables par leur abondante ornementation. Notons aussi les amphores, les holmos (nos 4, 5, 6, 29, 30, 31), décorés d'impressions exécutées à l'aide d'un cylindre, et les vases (nos 59, 60, 76, 77) représentant la Diane asiatique ailée, monuments qui attestent, d'une manière frappante, l'influence orientale en Étrurie. — L'œnochoé n° 15 se distingue par la présence d'une figure qu'on peut assimiler au Minotaure, et qu'il est intéressant de trouver sur un objet de fabrication italiote appartenant à une époque reculée.

La grande amphore avec la double Minerve (n° 99), le grand vase (n° 132) à deux rangs de peintures, la coupe à figures rouges sur laquelle on voit Géryon (n° 137) occupent la première place parmi les vases peints.

On remarquera cependant encore les deux belles hydries décrites sous les nos 103 et 118, le vase n° 115 qui porte des inscriptions, une gracieuse amphorisque du travail le plus fin (n° 127.)

Les deux grands rhytons noirs à buste de cheval (n° 156), la belle patère ornée de chars en relief (n° 157), et le magnifique canthare à reflets métalliques, ceint de délicates guirlandes (n° 158), ont droit à une égale admiration.

N'oublions pas les deux vases nos 88, 89 d'une fabrique très-ancienne et fort rare, enfin une amphore représentant Hercule au jardin des Hespérides (n° 138), excellent spécimen de l'art céramographique à une époque avancée.

Si les descriptions qu'on va lire ne se recommandent pas par une solide érudition, on peut du moins compter sur leur exactitude. A défaut de l'expérience qui nous manque encore, nous avons apporté à notre travail une scrupuleuse attention. Nous eussions voulu le rendre plus digne du savant archéologue qui nous a honoré de sa bienveillante amitié.

H. L.

CATALOGUE

DE LA

COLLECTION D'ANTIQUITÉS

(VASES PEINTS, BRONZES, PEINTURES)

DE

FEU M. AD. N. DES VERGERS.

POTERIES ÉTRUSQUES DE PÂTE NOIRE.

1. — Grand vase en forme d'hydrie, avec couvercle.
Hauteur totale 1m,01.

La panse est décorée de sujets en relief disposés sur plusieurs frises. Une série de sphinx compose le registre supérieur, séparé par une ligne de mascarons d'une rangée de cavaliers.

Des cercles en relief, chargés de têtes de clous carrés, ceignent la partie inférieure de la panse et du col qui porte en outre un grand mascaron. Des mascarons semblables appliqués à l'extérieur du rebord le dépassent en hauteur.

Le couvercle, orné de têtes de Méduse, est surmonté d'un grand coq.

2. — Autre, de même forme, faisant exactement pendant au précédent.
Hauteur totale 1m,02.

La panse est décorée de sujets en relief disposés sur plusieurs frises. Une série de lions forme le registre supérieur, au-dessous duquel règne une ligne de mascarons. Le registre inférieur présente les bustes à mi-corps d'un homme et d'une femme, entre deux pilastres cannelés, gr ·upe qui se répète tout autour du vase. Le reste de l'ornementation est le même que pour le précédent.

Le couvercle, orné de têtes de guerriers casqués, est également surmonté d'un grand coq.

Ces vases sont de beaux échantillons de la fabrique étrusque, remarquables tant par leurs dimensions que par les figures qui les décorent. Certains détails, tels que les cercles et les simulacres de clous, montrent que ces vaisseaux d'argile sont des copies de vases de métal. Il y a là une indication curieuse pour l'histoire de l'industrie.

3. — Autre grand vase à reliefs, avec couvercle.

Hauteur totale 0m,74.

La panse, décorée de lions, de gorgonium et de têtes de profil, disposés sur plusieurs zones, est reliée au col par quatre anses ornées de mascarons; quatre têtes de griffons se détachent du vase et alternent avec les anses. Le couvercle est, comme celui des vases précédents, surmonté d'un coq.

4. — Amphore, avec couvercle.

Hauteur 0m,48.

La panse est décorée d'une frise en relief, imprimée à l'aide d'un cylindre. Le motif, répété un grand nombre de fois, se compose d'un personnage barbu (*Jupiter*), assis sur un siége à dossier, et tenant un sceptre terminé par une fleur. Sous le trône, est un aigle. Derrière lui, un autre personnage est assis sur un ocladias; trois femmes et deux hommes portant divers objets se tiennent debout devant et derrière ces personnages.

5. — Amphore, avec couvercle; une de ses anses est surmontée d'un mascaron.

Hauteur 0m,385.

A la partie superieure de la panse, règne une frise en relief imprimée à l'aide d'un cylindre, qui représente un centaure ailé à jambes humaines, perçant un cerf avec son épieu, et suivi d'un cavalier, sujet qui se répète plusieurs fois. Ces figures ont un caractère phénicien très-prononcé.

6. — Amphore, avec couvercle.
Hauteur $0^m,38$.

La partie supérieure de la panse est décorée de godrons, au-dessous desquels règne une frise composée d'un sphinx et de deux figures humaines, imprimée à l'aide d'un cylindre, et répétée un grand nombre de fois.

7. — Grande amphore, avec couvercle.
Hauteur totale $0^m,61$.

La panse est ornée de quatre figures de sphinx en relief, et le couvercle de quatre têtes de cheval alternant avec des fleurs.

8. — Autre, faisant pendant à la précédente.
Hauteur $0^m,53$.

Même décoration.

9. — Amphore, avec couvercle, ornée d'une ligne d'oves allongées.
Hauteur $0^m,49$.

10. — Amphore, avec couvercle. Panse décorée d'une ligne d'oves allongées.
Hauteur $0^m,45$.

11. — Amphore à panse godronnée.
Hauteur $0^m,40$.

12. — Amphore, avec couvercle; la panse est décorée de simples filets gravés au trait.
Hauteur $0^m,45$.

13. — Hydrie, avec couvercle.
Hauteur $0^m,55$.

Sur le col un grand mascaron en relief; la partie supérieure de la panse est décorée de godrons, au-dessous desquels une frise composée de neuf figures de la Chimère.
Sur le couvercle, fleurs alternant avec des boutons.

14. — Œnochoé de forme phénicienne.
Hauteur $0^m,18$.

15. — Œnochoé.
Hauteur 0m,18.

Panse décorée de godrons et d'une frise contenant six bustes du *Minotaure*, accompagné d'un oiseau volant. — Sur l'anse, lion couché. (Cf. la figure du Minotaure qui se trouve sur une médaille de Cnosse; Mionnet, *Rec. de planches*, pl. XLVII, n° 6.)

16. — Œnochoé.
Hauteur 0m,32.

Panse décorée de godrons et d'une frise composée de six sphinx. Sur l'anse, lion couché.

17. — Œnochoé.
Hauteur 0m,32.

Panse ornée de godrons et d'une frise composée de cinq lions couchés. Sur l'anse, guerrier casqué appuyé sur sa lance.

18. — Œnochoé.
Hauteur 0m,345.

Panse ornée de godrons et d'une frise décorée de bustes de lion alternant avec des bustes de cheval.

19. — Œnochoé.
Hauteur 0m,33.

Panse ornée de godrons et d'une frise chargée de cinq cerfs paissant.

20. — Œnochoé.
Hauteur 0m,36.

La partie supérieure de la panse ornée de figures en relief indistinctes. Sur l'anse, un lion allongé.

21. — Œnochoé.
Hauteur 0m,34.

La panse est décorée de godrons et de palmettes. Sur l'anse, un guerrier casqué appuyé sur sa lance.

22. — Œnochoé.
Hauteur 0m,29.

Panse ornée de godrons.

23. — Œnochoé à embouchure trilobée.
Hauteur 0m,25.

Sur le haut de la panse une rangée de fleurs de papyrus imprimées en creux.

24. — Œnochoé.
Hauteur 0m,27.

25. — Olpé à embouchure étroite.
Hauteur 0m,165.

26. — Coupe à pied élevé.
Hauteur 0m,20 ; diamètre 0m,28.

Le bord est orné de quatre métopes portant un lion couché en relief.

27. — Autre semblable, faisant pendant au n° précédent.
Hauteur 0m,20 ; diamètre 0m,30.

28. Vase à quatre anses en forme de bélière cylindrique.
Hauteur 0m,19 ; diamètre 0m,35.

La panse est décorée de quatre figures de sphinx en relief.

29. — Holmos à pied plein. Fouilles de 1850.
Hauteur 0m,146.

La coupe est décorée d'une frise en relief imprimée à l'aide d'un cylindre : deux figures assises tenant un grand vase, accompagnées d'un cavalier et d'un personnage debout. Toutes ces figures ont les pieds dirigés vers le haut du vase.

30. — Holmos à pied plein. Fouilles de 1850.
Hauteur 0m,152.

Frise imprimée à l'aide d'un cylindre. Le motif se compose d'un personnage assis, devant lequel se tient un homme armé d'un arc, suivi de deux femmes ; et d'un autre personnage assis tourné en sens opposé, auquel une femme présente une couronne ; près de lui se trouvent en outre quatre personnages appuyés sur des lances. — Sujets plusieurs fois répétés.

31. — Holmos à pied plein. Fouilles de 1850.
Hauteur 0m,145.

Frise imprimée à l'aide d'un cylindre. Deux personnages assis, devant l'un desquels se tient un homme portant un arc, et qui sont accompagnés de femmes et de personnages tenant des lances.

32. — Holmos à pied plein.
Hauteur 0m,21.

Figures en relief. La coupe porte une frise composée de Pégases ; le bord est orné de quatre mascarons.

33. — Autre.
Hauteur 0m,185.

La coupe décorée de figures de lions couchés.

34. — Autre.
Hauteur 0m,185.

La coupe décorée de figures de sangliers dans les deux directions.

35. — Autre.
Hauteur 0m,172.

La coupe décorée de figures de lions.

36. — Autre.
Hauteur 0m,19.

Lions couchés alternant avec des fleurs.

37. — Autre.
Hauteur 0m,18.

Figures de sphinx couchés, alternant avec des palmettes.

38. — Autre.
Hauteur 0m,125.

Coupe décorée de fleurs en relief.

39. — Autre.
Hauteur 0^m,12.

Coupe décorée de fleurs.

40. — Autre. Stries verticales.
Hauteur 0^m,112.

41. — Autre semblable.
Hauteur 0^m,112.

42. — Autre, même décoration.
Hauteur 0^m,11.

43. — Autre, filets en creux.
Hauteur 0^m,09.

44. — Autre semblable.
Hauteur 0^m,098.

45. — Autre entièrement lisse.
Hauteur 0^m,145.

46. — Autre entièrement lisse.
Hauteur 0^m,117.

47. — Holmos, à coupe godronnée, dont le bord est décoré d'une série de boutons verticaux.
Hauteur 0^m,165.

48. — Autre semblable.

49. — Autre.

50. — Autre.

51. — Autre.

52. — Holmos à bords godronnés.
Hauteur 0^m,118.

53. — Autre presque semblable.
Hauteur 0^m,185.

54. — Holmos à pied découpé, avec couvercle.
Hauteur $0^m,30$.

La coupe est décorée d'une rangée de fleurs; le pied repercé à jour est orné de quatre figures d'éphèbe tenant une lance; sur le couvercle, quatre palmettes.

55. — Holmos à pied découpé. Fouilles de 1850.
Hauteur $0^m,18$.

Sur la coupe, quatre béliers couchés, alternant avec des godrons. Pied orné de la figure d'un éphèbe tourné à droite tenant une lance; quatre fois répété.

56. — Autre. Fouilles de 1850.
Hauteur $0^m,18$.

Même décoration.

57. — Autre. Fouilles de 1850.
Hauteur $0^m,19$.

Même décoration; les éphèbes sont tournés à gauche.

58. — Une paire d'holmos, à pied découpé, faisant exactement pendants. Fouilles de 1850.
Hauteur $0^m,15$.

Bords ornés de stries verticales; le pied repercé à jour est décoré de la figure d'un éphèbe tenant une lance; quatre fois répété.

59. — Canthare, avec couvercle décoré de belles palmettes en relief. Fouilles de 1850.
Hauteur $0^m,19$.

La coupe est ornée de quatre figures de lion couché en relief. Sur le montant intérieur des anses, sont représentées en relief deux figures de *Diane* orientale ailée, tenant de chaque main un lion par la patte. — Les anses du célèbre vase François sont décorées avec les mêmes figures. (Cf., au sujet de cette forme de Diane, Ed. Gerhard, *Persische Artemis; Denkmäler*, 1864, p. 177 sq., pl. LXI, LXII et LXIII.)

60. — Autre semblable, sans couvercle.
Hauteur $0^m,20$.

61. — Canthare.
Hauteur $0^m,19$.

Les anses sont décorées de quatre têtes de mulet harnaché.

62. — Canthare.
Hauteur $0^m,185$.

Sur la coupe, quatre figures de sanglier en relief.

63. — Canthare, avec couvercle décoré d'une grande rosace gravée au trait.
Hauteur $0^m,14$.

64. — Canthare, avec couvercle présentant deux échancrures qui s'ajustent avec les anses.
Hauteur $0^m,13$.

65. — Canthare uni.
Hauteur $0^m,17$.

66. — Autre.
Hauteur $0^m,14$.

67. — Autre.
Hauteur $0^m,15$.

68. — Autre.
Hauteur $0^m,13$.

69. — Autre.
Hauteur $0^m,12$.

70. — Vase à oreilles horizontales décorées de figures ailées élevant les bras.
Hauteur $0^m,13$.

71. — Autre, avec couvercle. Les anses sont décorées de palmettes en relief.
Hauteur $0^m,14$.

72. — Petit vase en forme de baril.
Hauteur $0^m,105$.

73. — Quatre petits scyphus unis.

74. — Cyathus, avec couvercle.
Hauteur $0^m,20$.

L'anse est décorée de deux têtes de mulet en relief; le couvercle de quatre bustes de sphinx ailé, alternant avec des boutons de fleurs.

75. — Cyathus.
Hauteur $0^m,17$.

L'anse est ornée de deux têtes de cygne et d'un masque de femme.

76. — Cyathus.
Hauteur $0^m,16$.

Le montant intérieur de l'anse orné d'une figure de *Diane* tenant deux lions.

77. — Cyathus à bords contournés.
Hauteur $0^m,16$.

La coupe est ornée de cygnes et de coqs en relief. Sur l'anse une figure de *Diane* tenant deux lions.

78. — Cyathus.
Hauteur $0^m,12$.

Anse ornée de deux têtes de cygnes.

79. — Cyathus sans ornements.
Hauteur $0^m 14$.

80. — Vase à anse horizontale, avec couvercle.
Hauteur $0^m,15$.

La panse est décorée de quatre figures de sanglier et de cinq lions en relief.

81. — Trois petits cyathus apodes.
Hauteurs $0^m,8$; $0^m,7$; $0^m,6$.

82. — Vase dont l'anse est surmontée d'un ornement portant en relief une figure de femme assise, entre deux rosaces.
Hauteur $0^m,15$.

83\. — Plat, avec larges bords à moulures.
Diamètre 0m,20.

84\. — Patère à ombilic.
Diamètre 0m,16.

85\. — Couvercle d'holmos, surmonté d'une anse cordée décorée de deux mascarons. A la partie supérieure, palmettes et boutons de fleurs en relief et gravés au trait. Sur le tour, six figures de lion en relief.
Diamètre 0m,12.

86\. — Couvercle à bouton, orné d'une rosace gravée au trait.
Diamètre 0m,14.

87\. — Couvercle plat avec bouton.
Diamètre 0m,17.

VASES PEINTS DE STYLE PRIMITIF.

88\. — Amphore. Vulci, fouilles de 1857.
Hauteur 0m,33.

Deux cerfs, un lion et une oie. Les peintures sont exécutées en rouge vif et en blanc, sur un fond violet.

89\. — Œnochoé à embouchure trilobée. Vulci, 1857.
Hauteur 0m,25.

L'ornementation se compose de lignes violettes croisées, sur un fond blanc, et d'une zone violette portant des imbrications gravées en creux. Cette zone est bordée de deux bandes bleues et rouges.

Le style de ces deux vases est fort curieux.

90. — Amphore.
Hauteur $0^m,45$.

Un lion et une lionne attaquant un oiseau volant. Revers. Deux lions attaquant un oiseau.

91. — Alabastron. Fouilles de Vulci.
Hauteur $0^m,13$.

Deux coqs.

92. — Autre.
Hauteur $0^m,128$.

Chouette entre un lion et une oie.

93. — Autre.
Hauteur $0^m,12$.

Quatre oiseaux.

94. — Autre, orné de lignes et d'imbrications.
Hauteur $0^m,205$.

95. — Autre, moucheté de brun.
Hauteur $0^m,126$.

96. — Autre, petit, fracturé.
Hauteur $0^m,09$.

97. — Autre, à base plate.
Hauteur $0^m,15$.

98. — Cinq petits cotyliscos.

VASES ITALO-GRECS A FIGURES NOIRES.

99. — Double amphore panathénaïque à tableaux.
Vulci. Fouilles de 1857.
Hauteur, 0^m,68.

Cette amphore se distingue, non-seulement par ses proportions insolites, mais, de plus, par la double image de *Minerve,* dont la présence n'est pas l'effet d'une restauration. L'inscription habituelle **TON AΘENEΘENAΘΛON** (τῶν Ἀθήνηθεν ἄθλων) est aussi deux fois répétée.

La dualité de Minerve a été l'objet de plusieurs savantes dissertations (J. de Witte, *Bulletin de l'Acad. roy. de Bruxelles*, t. VIII, part. I, p. 28. — *Cat. d'une coll. de vases* (Canino), n° 126.— Ch. Lenormant et de Witte, *Élite des monum. cér.*, t. I, p. 296 et pl. XC. — Adr. de Longpérier, *Revue numismatique*, 1re série, 1843, p. 424. — Éd. Gerhard, *Ann. de l'inst. arch.*, 1835, p. 39. — *Zwei Minerven,* zum Winckelmannsfest. Berlin, 1848, in-4°, pl. — Cf. l'opinion de M. Welcker, *Bullet. Inst. arch.*, 1846, p. 100). Mais il ne faut pas chercher ici, à la présence de deux Minerve, une signification religieuse. Encore moins faut-il l'attribuer au caprice du peintre ou à une exigence d'ornementation. Le caractère, pour ainsi dire officiel, des amphores panathénaïques nous montre que c'est une indication de la valeur double du prix (N. des Vergers, *l'Étrurie et les Étrusques,* t. III, p. 5), et cette hypothèse s'accorde parfaitement avec la grandeur du vase.

Parties restaurées.

Revers. La peinture qui décore cette face est l'invention d'un restaurateur trop ingénieux. Il n'y a d'antique dans ce tableau que les chevaux attelés au char : c'en est assez pour nous faire voir qu'il représentait un aurige conduisant son quadrige dans la carrière, sujet qui fait partie de la série des compositions agonistiques invariablement tracées au revers des amphores panathénaïques (cf. *Monum. inéd. de l'Inst. arch.*, t. I, pl. XXII, 2 *b*. — *Museo Gregoriano,* t. II, pl. XLII, nos 1 et 3). Ces vases fournissent une idée précise de ce qu'est le sujet dans son entier.

Cette amphore, à laquelle sa peinture principale et ses dimensions donnent une grande importance, fut publiée par M. F. T. Welcker (*Monum. inéd. de l'Inst. arch.*, t. VI, pl. IX et X; *Annales*, 1857,

p. 197 sq.), et depuis, avec des considérations nouvelles, par M. des Vergers (*loc. cit.*, p. 4 et pl. V).

100. — Cylix, fracturée

Extérieur. *Pallas* casquée, couverte de l'égide et d'un bouclier argien, brandit sa lance.

Revers. Armement d'Achille en présence de Thétis.

Chacun de ces sujets est encadré par deux grands yeux.

101. — Olpé à tableau. Fouilles de Vulci.
Hauteur 0m,24.

Poëte barbu et couvert d'un manteau, jouant de la lyre, en présence d'une femme vêtue d'une tunique talaire et d'un péplus, et sans aucun attribut.

On représentait quelquefois *Apollon* barbu (cf. les intéressantes recherches des savants auteurs de l'*Élite des monuments céramographiques*, t. I, p. 207, 217; t. II, p. 4, 31, 36-39, 41, 114, et pl. XV, XVI). On peut donc voir ici *Diane* placée en face de son frère. La même disposition, à peu près, se trouve sur un vase publié par M. Gerhard (*Auserlesene gr. Vasenb.*, t. I, p. 83, pl. XXIII). Diane y est représentée également sans aucun attribut.

102. — Cylix, figures noires à l'intérieur, figures rouges à l'extérieur. Vulci.
Diamètre 0m,37.

Intérieur. *Neptune* barbu, vêtu d'une tunique talaire et d'un péplus, marche rapidement en retournant la tête. Le dieu tient un trident de la main droite, et un poisson de la gauche dans le champ : ΚΑVΟϟ ΜΕΜΝ(ων).

Extérieur. Une femme vêtue d'une tunique talaire à manches, des bracelets aux bras, danse en agitant des crotales. Elle retourne la tête en arrière, et est placée entre deux grands yeux.

Revers. Une femme vêtue d'une tunique courte et sans manches, des bracelets aux bras, danse en agitant des crotales. Elle est également placée entre deux grands yeux.

Quatre larges palmettes complètent la décoration de l'extérieur de la coupe.

103. — Hydrie à tableau. Vulci, 1857.
Hauteur 0m,475.

Bacchus barbu et couronné de lierre est couché sur une riche cliné. Le dieu est vêtu d'une tunique talaire et d'un péplus. Une longue tresse de cheveux descend sur sa poitrine. Il repose son coude gauche sur un coussin, et de la main droite touche des pampres placés au-dessus de sa tête. Devant lui est une table chargée de grandes pièces de viandes et de fruits ou gâteaux blancs disposés en pyramides (cf. le n° 116 de ce cat.). Une *ménade*, couronnée de lierre et vêtue d'une tunique talaire, paraît exécuter une danse devant le dieu. Une autre *ménade*, ajustée exactement comme la première, se tient respectueusement derrière lui. *Mercure* barbu, coiffé du pétase, vêtu d'une tunique courte, d'une chlæna, et chaussé d'endromides, arrive devant la cliné; il tient le caducée de la main droite, et dirige la main gauche vers Bacchus, à qui il semble adresser la parole.

Sur le col du vase, un éphèbe parle à un aurige monté dans un quadrige arrêté. A droite, un homme debout, l'aisselle appuyée sur son bâton, cause avec un personnage assis sur un ocladias, et qui tient un sceptre. A gauche, de l'autre côté du char, deux autres personnages tenant des sceptres, l'un debout, l'autre assis sur un ocladias; ces quatre derniers sont drapés et barbus.

Au-dessous du sujet principal, frise d'animaux composée d'un lion, d'un sanglier et d'une sirène.

104. — Lécythus, à large panse. — Boutons de nielle au col.
Hauteur $0^{m},21$.

Bacchus barbu, tenant le céras et un cep de vigne, assis sur un ocladias en face de *Minerve*, casquée, armée d'une lance et couverte de l'égide et d'un bouclier, également assise sur un ocladias. De chaque côté, un *satyre* dansant.

Cf. Minerve et Bacchus : — Ed. Gerhard, *Auserlesene gr. Vasenb.*, t. II, p. 137, 148, 184, 195, et pl. XXXV, XXXVII, LXVIII, LXIX.)

105. — Calpis.
Hauteur $0^{m},35$.

Bacchus barbu, tenant le canthare, entre deux *satyres*.

106. — Cylix.
Diamètre $0^{m},215$.

Extérieur. *Bacchus*, tenant le céras, marche à côté d'un quadrige, ainsi qu'un cavalier et un hoplite.

Revers. *Ariadne* auprès d'un quadrige, et deux cavaliers.

Intérieur. Un *satyre.*

107. — Cylix.

Diamètre 0^m,21.

Extérieur. *Bacchus* assis sur un ocladias, entre deux *ménades* et deux *satyres.*

Revers, même sujet.

Intérieur. *Bacchus.*

Restaurée.

108. — Cylix.

Diamètre 0^m,215.

De chaque côté, *Bacchus*, assis sur un ocladias, entre deux grands yeux et deux *satyres.*

Intérieur. Un *satyre.*

Restaurée.

109. — Cyathus.

Hauteur 0^m,13.

Quatre *satyres* et deux grands yeux.

110. — Lécythus.

Hauteur 0^m,155.

Bacchus entre deux femmes assises.

111. — Kélébé. Vulci.

Hauteur 0^m,312.

Hercule étouffant le lion de Némée, en présence de *Mercure* et d'*Iolas.*

Revers. *Bacchus* barbu, tenant le canthare, debout au milieu du thiase.

Ce vase a subi de nombreuses restaurations.

112. — Amphore bachique. Vulci, 1857.

Hauteur 0^m,41.

Hercule apporte à Eurysthée le sanglier d'Érymanthe. Hercule est barbu et entièrement nu : il s'apprête à se débarrasser de son fardeau pour le jeter sur *Eurysthée,* qui s'est caché dans le pithos, de façon qu'on aperçoit seulement son visage effrayé, et ses deux bras qu'il lève en signe de supplication. Une femme assiste à cette scène, vêtue d'une tunique talaire et d'un péplus.

Ce peut être une *nymphe* locale de la vallée d'Érymanthe (cf. Ed. Gerhard, *Auserlesene gr. Vasenb.*, t. II, p. 47, 165, et pl. XCVII, CXXXV); ou plutôt ici, en raison de la place qu'elle occupe, *Antimaque,* femme d'Eurysthée, mentionnée par Apollodore (J. de Witte, *Cat. Durand,* n° 277). On pourrait encore y voir *Minerve* sans armes.

Revers. Combat de deux hoplites armés de toutes pièces. Une rosace forme l'épisème du bouclier béotien que porte l'un d'eux.

113. — Amphore bachique. Fouilles de Vulci.
Hauteur 0m,41.

Hercule, vêtu de la peau de lion, étreint dans ses bras *Triton* ichthyomorphe, qui essaye en vain de se défendre. Le dieu marin est barbu, ses cheveux tombent en longues tresses sur ses épaules; il tient un dauphin dans la main gauche. Un autre dauphin, dans le champ, indique le lieu où se passe la scène.

Revers. Trois *Néréides,* vêtues de tuniques talaires et de péplus, prennent la fuite, élevant les mains en signe d'étonnement. Les deux premières regardent en arrière. La troisième court sans se détourner.

114. — Cylix, fragmentée.
Diamètre 0m,21.

Extérieur. Combat d'*Hercule* contre *Cycnus.*

Revers. Combat d'un hoplite contre un cavalier.

Chacune de ces scènes est encadrée par de grands yeux, et près des anses se voient des *satyres.*

Intérieur. Un *satyre.*

115. — Hydrie à tableau. Vulci, 1857.
Hauteur 0m,515.

Hercule, ..PAKVE$, couvert de la peau de lion et d'une chlamyde, muni de la virga, monte dans un quadrige au repos, dont il tient les rênes. Auprès de lui et à côté des chevaux, se voient *Apollon,* AΠOVON citharède, couronné de myrte et vêtu de la longue robe des musiciens; *Minerve,* AΘEN..IA, la protectrice d'Hercule, casquée, munie de l'égide et tenant sa lance; et *Mercure*, HEP-MEϟ, barbu, vêtu d'une chlæna, la tête ceinte d'une ténia et coiffé du pétase. En avant des chevaux, sont deux personnages : un homme drapé, *Neptune* ou *Bacchus*, dont la tête est cachée, et une femme, probablement *Coré*, dont le costume consiste en une tunique talaire et un péplus. Cette dernière fait face aux autres personnages. Au-dessus ('Αρι) ϟTOMENEϟ KAVOϟ. (Cf. un sujet à peu près semblable; J. de Witte, *Cat. Durand*, n° 331.)

Sur le col, combat de huit hoplites, dont l'un est étendu à terre. Au-dessous du sujet principal, une frise représentant également un combat d'hoplites.

Ce tableau me paraît représenter Hercule vainqueur aux jeux qu'il a institués lui-même auprès du fleuve Alphée : « Personne, dit Diodore de Sicile (IV, 14), n'osant se mesurer avec le héros, à cause de sa force bien connue, il fut victorieux dans tous les genres de luttes, sans combats. Cependant ces jeux demandent des qualités fort différentes entre elles. » Nous avons ici la course en char : un autre vase (Ed. Gerhard, *Auserlesene gr. Vasenb.*, t. I, p. 194, pl. LXVIII) nous montre Hercule une lyre à la main, le pied posé sur une estrade, concourant pour le prix de poésie.

La partie inférieure de ce tableau est altérée par une fracture, mais n'a subi aucune restauration.

116. — Amphore à tableaux. Trouvée à Vulci.
Hauteur 0m,505.

Minerve casquée, vêtue de l'égide et d'une tunique talaire, tient un cep de vigne de la main droite et lève la gauche. Elle est debout, et se retourne vers un personnage couché sur une cliné, barbu, les cheveux courts et crépus ceints d'une ténia, le torse nu. Un autre personnage, identiquement semblable, est également couché sur une cliné de l'autre côté de Minerve. On reconnaît facilement *Hercule* dans le premier, et, dans le second, *Iolas*, plutôt que Bacchus à qui il semblerait difficile d'attribuer les cheveux crépus et la poitrine nue et musculeuse que nous voyons ici. Un péplus couvre les genoux de ces deux personnages, qui reposent leurs coudes sur une outre servant de coussin. Devant chacun d'eux est une table chargée de mets blancs, de grandes pièces de viande, ainsi qu'on l'a déjà vu sur le vase n° 103, et d'une phiale; deux panthères, l'une mâle, l'autre femelle, accroupies sous la table, dévorent des os.

(Cf. le même sujet, Ed. Gerhard, *Auserlesene gr. Vasenb.*, t. II, pl. CVIII; p. 176, pl. CXLII. — J. de Witte, *Cat. d'une coll. de Vases* (Canino), n° 101. — Et sur une amphore à figures noires du musée Napoléon III, au Louvre.)

Ces grands morceaux de viande qui pendent sans autre apprêt tout autour de la table rappellent le passage où Apollodore (*Bibl.*, l. II, ch. V, § 4) dit qu'Hercule préférait de beaucoup la viande crue à la viande cuite. — Les panthères tiennent auprès des divinités la place des chiens que l'on voit remplir le même office dans plusieurs scènes de repas, par exemple sur la belle kélébé du musée du Louvre (F. T. Welcker, *Monum. de l'Inst. arch.*, t. VI, pl. XXXIII; *Annales*, 1859, p. 243).

Revers. Attelage d'un quadrige, à côté duquel une *ménade* agite des crotales. Auprès des chevaux, une panthère tenant dans sa gueule une patte d'animal. Un *satyre* barbu, à queue de cheval, précède ce fragment de pompe dionysiaque en tenant une grande cithare.

(Cf. les satyres citharèdes publiés par M. Ed. Gerhard., *Auserlesene gr. Vasenb.*, t. I, p. 180, pl. LII; l'autre côté du vase nous montre Bacchus dans son quadrige; c'est la scène complète. — *Ibid.*, p. 181, pl. LIV. — Un satyre citharède porte le nom de Dithyrambus sur un fragment de vase publié par M. Welcker, *Annales de l'Inst. arch.*, 1829, p. 393, pl. E, 2.)

Ce vase a été publié (N. des Vergers, *l'Étrurie et les Étr.*, t. III, p. 5, pl. VI).

117. — Amphore bachique. Vulci, 1857.
Hauteur $0^{m},46$.

Hoplite casqué et presque entièrement caché par un bouclier, dans un quadrige dont les chevaux se cabrent. On aperçoit un autre bouclier de profil, qui est celui que l'aurige porte sur le dos, ainsi que les extrémités de plusieurs lances.

On voit à peu près la même disposition sur un vase du Musée Grégorien (*Mus. Greg.*, t. II, pl. XXXII, n° 1), avec cette différence qu'un hoplite gît terrassé sous les pieds des chevaux. — Plusieurs peintures représentant le départ d'Amphiaraüs (Millingen, *Peintures de vases grecs*, pl. XX et XXI, p. 36.— Ed. Gerhard, *Auserlesene gr. Vasenb.*, t. II, p. 29, pl. XCI) ont bien plus d'analogie avec le sujet qui nous occupe. Ériphyle, il est vrai, y figure devant les chevaux; mais le vase n° 116 de ce catalogue nous fournit un exemple remarquable de l'usage où l'on était, dans l'antiquité, de représenter en abrégé des sujets traités ailleurs d'une manière plus complète. L'aurige, dont on n'aperçoit que le bouclier, recevrait alors le nom de Baton, donné par Pausanias (liv. V, ch. XVII, 8). Sur les vases que nous avons cités, comme sur celui-ci, on le voit armé d'une lance, ainsi qu'il était représenté sur le coffre de Cypselus : τάς τε ἡνίας τῶν ἵππων καὶ τῇ χειρὶ ἔχει τῇ ἑτέρᾳ λόγχην (*loc. cit.*).

Revers. *Bacchus* barbu, couronné de lierre, vêtu d'une tunique talaire et d'un péplus, tient d'une main un cep de vigne et de l'autre un céras; il se retourne du côté d'un *satyre* ithyphallique et d'une *ménade*. Devant le dieu, une autre *ménade* s'éloigne en tournant la tête de son côté.

118. — Hydrie à tableau. Vulci, 1857.
Hauteur 0m,43.

Achille, armé de toutes pièces, monté dans son char conduit par *Automédon*, vêtu de la longue robe blanche des auriges. Près du quadrige, et regardant Achille, se tiennent debout *Phœnix* drapé, *Patrocle* armé de toutes pièces, et *Briséis* vêtue d'une tunique talaire et d'un péplus. *Mercure*, ou un héraut, tel que *Talthybius*, barbu, coiffé du pétase, chaussé d'endromides et vêtu d'une chlæna, marche devant le char en tenant une baguette. (Cf. *Monum. inéd. de l'Inst. archéol.*, t. VI, pl. XIX, et t. VIII, pl. XV. — Ed. Gerhard, *Trinksch. u. Gef. des. K. Mus. zu Berlin*, p. 27, et pl. E.-F. — J. de Witte, *Cat. d'une coll. de vases* (Canino), nos 138 et 139.)

Sur le col, combat de deux hoplites, en présence de deux femmes (?), et de deux éphèbes vêtus de chlamydes et armés de javelots. On peut reconnaître ici le combat d'*Achille* et de *Memnon*, en présence de *Thétis* et de l'*Aurore*.

Au-dessous du sujet principal, une frise, représentant un taureau dévoré par deux lions. De chaque côté, accourt un éphèbe à cheval.

119. — Amphore à tableaux. Fouilles de Vulci.
Hauteur 0m,42.

Combat de deux hoplites, en présence de deux éphèbes drapés, tenant une virga. L'un des deux combattants, couvert d'une cuirasse et d'un casque, a l'épée au côté. Son bouclier argien a pour épisème un trépied peint en blanc. L'autre, entièrement nu, n'est protégé que par son casque et son bouclier. Une tresse de cheveux tombe sur sa poitrine. Au milieu des deux hoplites, vole un vautour qui tient un serpent dans son bec.

C'est une répétition emblématique du combat des deux hoplites.

(Sur ce symbolisme, voyez : Duc de Luynes, *Ann. de l'Inst. arch.*, 1829, p. 280. — Ch. Lenormant, *Nouvelle Galer. myth.*, p. 28. — Lenormant et de Witte. *Élite des mon. cer.*, t. I, p. 14.)

Revers. Trois hommes armés de massues, l'épaule gauche couverte de leur chlamyde en guise de bouclier, marchent l'un derrière l'autre, en présence de leur pédotribe barbu et enveloppé dans son manteau. Un d'eux est imberbe et les deux autres sont barbus.

Comparez à ce jeu ou exercice gymnastique celui qui a été publié par Th. Panofka (*Monum. inéd. de l'Inst. arch.*, t. I, pl. XLVII; *Annales*, 1832, p. 336).

120. — Cylix. Style de Pamphæus. Vulci, 1857.
Diamètre $0^m,31$.

Intérieur. Un hoplite armé de toutes pièces, peint en noir dans un médaillon rouge.

Extérieur. De chaque côté, deux grands yeux jaunes, noirs, blancs et violets; palmettes jaunes aux anses.

121. — Lécythus, à large panse.
Hauteur $0^m,20$.

Un hoplite armé de toutes pièces et tenant des lances. Sur le col, une palmette, entre deux éphèbes drapés.

122. — Lécythus.
Hauteur $0^m,175$.

Un hoplite et trois éphèbes drapés, dont l'un est assis sur un ocladias; sur le col, un coq.

123. — Lécythus.
Hauteur $0^m,19$.

Un aurige, vêtu d'une longue robe, lance son quadrige au galop; un apobate court à côté des chevaux.

(Sur l'apobate, voy. J. Roulez, *Vases peints de Leyde*, grand in-fol., p. 73.)

124. — Lécythus.
Hauteur $0^m,21$.

Un homme couché sur une cliné, et trois femmes assises, dont l'une tient une lyre.

125. — Cylix.
Diamètre 0m,22.

Scène de pugilat. Restaurée.

126. — Cylix à zone rouge. Personnages en partie repeints.
Diamètre 0m,22.

127. — Amphorisque, avec couvercle. Vulci, 1857.
Hauteur 0m,347.
Quatre coqs, deux sirènes, palmettes et boutons de fleurs.

Vase de forme élégante, remarquable par sa bonne conservation et la finesse de son exécution.

128. Œnochoé à embouchure trilobée, ornée de feuilles et de fruits de lierre noirs sur une frise rouge.
Hauteur 0m,28.

129. — Deux cylix ornées de palmettes; l'une d'elles est fracturée.
Diamètre 0m,16.

130. — Lécythus à panse rouge, décoré de trois palmettes noires.
Hauteur 0m,14.

131. — Lécythus à fond blanc, style de Locres, décoré de palmettes.
Hauteur 0m,137.

VASES ITALO-GRECS, A FIGURES ROUGES.

132. — Amphore tyrrhénienne, munie de son couvercle. Vulci. Trouvée, avec quelques bijoux, dans la crypte fouillée en 1856 et 1857.

Hauteur totale $0^m,65$.
Diamètre $0^m,47$.

Zone supérieure, autour du col. *Gigantomachie. Minerve* casquée, couverte de l'égide, vêtue d'une tunique talaire et d'un péplus, lève la main gauche tandis qu'elle va percer de sa lance le géant *Encelade*, renversé à ses pieds : il est représenté sous la figure d'un hoplite ; son bouclier a pour épisème un lion à crinière hérissée. En avant, *Neptune* barbu et couronné de myrte terrasse le géant *Éphialtès*, également figuré sous la forme habituelle d'un hoplite armé de toutes pièces. Le dieu est vêtu de la tunique succincte et d'une petite chlamyde jetée sur ses épaules. Son bras gauche supporte le rocher de Nisyre (Apollodore, I, IV, 2) que, d'après la Fable, le dieu, d'un coup de trident, détacha de l'île de Cos pour écraser son ennemi. L'arme que Neptune tient à la main droite est la hampe du trident, dont les pointes sont cachées par le corps du géant. — Entre les deux groupes est un arbre dépouillé de ses feuilles.

Revers. *Thésée domptant le taureau de Marathon.* Le jeune héros imberbe, entièrement nu et sans armes, appuie le genou sur le cou puissant du taureau qu'il a forcé à se courber à terre ; il saisit d'une main la queue de l'animal tandis qu'il tire à lui le lacet qu'il a attaché à un pied de devant (sur ce détail caractéristique grâce auquel on distingue principalement le combat contre le taureau de Marathon de celui contre le taureau de Crète, cf. J. de Witte, *Cat. Durand*, nº 336. — Ed. Gerhard, *Auserlesene gr. Vasenb.*, t. III, p. 41).

Trois personnages assistent à cette scène : *Minerve*, la protectrice du héros, se tient derrière lui, la tête nue, portant d'une main son casque et de l'autre sa lance. Des deux autres, l'un est barbu, enveloppé dans son péplus qui recouvre une tunique talaire, et appuyé sur un bâton. On reconnaît *Egée* (Cf. Ed. Gerhard, *loc. cit.*, p. 40, pl. CLXII). Le second, placé derrière Minerve, est assis sur un cube : il tient un sceptre d'une main, et étend l'autre en signe d'admiration. Il a les cheveux courts, est imberbe, vêtu d'une tunique talaire et d'un péplus.

Au revers du stamnos déjà cité, publié par M. Gerhard, on voit également un personnage royal tenant un sceptre surmonté d'une fleur.

Zone inférieure. *Combat des Centaures et des Lapithes.* Armés de troncs d'arbres et de fragments de rochers, les *Centaures* barbus, aux oreilles d'animal, à la figure bestiale, ont complétement le type des satyres; plusieurs même ont, comme eux, le front chauve. Les *Lapithes* sont armés de toutes pièces ainsi que les héros grecs. L'un des groupes, où l'on voit un guerrier à mi-corps que deux Centaures écrasent avec un quartier de rocher et un tronc d'arbre, représente l'épisode célèbre et si souvent reproduit de la mort de *Cénée;* le fils d'Élatus et d'Hippia, qui était invulnérable, accablé sous les rochers et les troncs d'arbres, fut englouti dans la terre qui s'entr'ouvrit pour le recevoir.

De riches et abondantes palmettes aux anses, plusieurs zones variées séparant les deux registres de figures, complètent l'ornementation de ce vase aussi remarquable par ses dimensions que par la richesse des représentations qu'il porte.

Ce vase a été réparé, mais les peintures n'ont subi aucune addition moderne.

Il a été publié (N. des Vergers, *l'Etr. et les Étr.*, t. III, p. 28 sq., gr. en cinq pl. XXXII-XXXVI).

133. — Plat, style d'Épictète. Fouilles de 1850.

Diamètre 0^{m},185.

Bacchus barbu et couronné de lierre tenant le céras et la férula; devant lui un *satyre* nu et barbu.

Parties restaurées.

134. — Stamnos, peintures rouges, rehaussées de brun; riches palmettes autour des anses. Vulci, 1857.

Hauteur 0^{m},445.

Bacchus barbu, la tête ceinte du crédemnon, vêtu d'une tunique talaire et d'un ample péplus, s'appuie de la main droite sur un thyrse. De longues tresses de cheveux tombent sur ses épaules. En face du dieu, une *ménade* incline des deux mains une grande amphore ornée d'une guirlande de lierre, et en verse le contenu dans un cratère placé aux pieds de Bacchus. Elle est vêtue d'une tunique à manches courtes que recouvre une petite tunique thrace. Les cheveux flottent librement sur son cou en boucles épaisses et frisées. A droite, et tournant le dos à Bacchus, un *satyre* debout porte sur l'épaule gauche un siége à dossier muni d'un coussin, et de la main droite une sorte de spyridion tressé, à couvercle. Il est entièrement nu, a le front chauve, le nez épaté et porte une barbiche au menton. En face de lui, une *ménade* habillée d'une tunique talaire sans manches, et coiffée d'une sphendoné, tient la férula d'une main, et lève l'autre en signe d'admiration.

Un oxybaphon, d'un dessin exquis, conservé au Louvre, nous montre un satyre portant ce même trône de Bacchus, également accompagné d'une ménade.

Revers. Une *ménade,* coiffée d'un cécryphale, enveloppée dans une tunique et un péplus, s'appuie sur un thyrse, entre deux *satyres* barbus et drapés, qui remplacent dans ce sujet bachique les personnages à manteaux. L'un tient un céras, et l'autre une torche.

Ce vase est d'une exécution belle et soignée. Les figures qui le décorent sont d'un grand dessin, et leur expression est pleine de calme et de noblesse.

135. — Stamnos, trouvé dans la nécropole de Chiusi, en 1850.
Hauteur $0^{m},42$.

Bacchus tenant la férula. A gauche, une *ménade* coiffée d'un cécryphale et vêtue d'une double tunique talaire, joue de la lyre avec un plectrum. — Le reste est moderne.

Revers. Une ménade drapée, coiffée d'un cécryphale et tenant un thyrse, entre deux satyres à queue de cheval, dont l'un tient une outre.

Ce vase a subi de nombreuses restaurations.

Il a été publié (N. des Vergers, *l'Étr. et les Étr.*, t. III, p. 7 et planche VIII).

136. — Cratère.
Nécropole de Chiusi, 1850.
Hauteur $0^{m},335$.

Deux zones de peintures à sujet courant. Danse de *satyres* et de *ménades*. Au milieu se voit *Bacchus* jouant de la cithare avec un plectrum. Quelques-uns de ces satyres, qui semblent nager, rappellent la frise qui décore le monument choragique de Lysicrate, à Athènes.

Parties refaites.

Ce vase a été publié (N. des Vergers, *l'Étr. et les Étr.*, t. III, p. 12, pl. XVI).

137. — Cylix. Vulci; fouilles de 1857.
Diamètre 0m,335.

Extérieur. *Combat d'Hercule contre Géryon. Hercule* couvert de la dépouille du lion, le corytus au côté, lance des flèches contre le triple *Géryon* figuré sous la forme de trois hoplites, adhérant par le milieu du corps. Ils sont barbus, casqués, couverts de cuirasses et de cnémides, armés de la lance et de boucliers argiens, dont l'un a pour épisème un oiseau. Un des corps, atteint d'une flèche, tombe en arrière pendant que les deux autres soutiennent l'attaque. A terre est étendu le berger *Eurytion*, chargé de garder les troupeaux de Géryon, et que nous voyons dans les représentations de ce mythe tué dès le début de la lutte. Souvent aussi son chien Orthrus est étendu à côté de lui, victime de sa fidélité. *Érythie*, fille de Géryon, vêtue d'une tunique talaire et d'un péplus, les cheveux ceints d'une tænia, s'éloigne, et cherche à faire rentrer un taureau, indiquant le troupeau dont Hercule veut s'emparer. *Minerve* et *Iris* sont derrière Hercule. La protectrice du héros est couverte du casque et de l'égide ; Iris aptère tient un caducée. Minerve l'envoie porter à l'Olympe la nouvelle de la victoire de son favori.

Iris du reste se confond avec la Victoire, qui sont toutes deux des dédoublements de Minerve, et un vase publié par M. Gerhard (*Auserlesene gr. Vasenb.*, t. II, p. 186, pl. CL) nous montre le nom de NIKE, donné à une déesse tenant le caducée.

Cf. l'intéressante monographie de M. le baron J. de Witte (*Étude sur le mythe de Géryon*, dans les *Nouv. Annales publ. par la section française de l'Inst. arch.*, 1838 et 1839, p. 107 et 270). La représentation du mythe de Géryon est extrêmement rare sur les vases à peintures rouges.

Revers. *Départ d'Achille* (cf. notre n° 118). *Achille* barbu, casqué, couvert d'une cuirasse, de cnémides, un bouclier béotien au bras gauche, sa lance dans la main droite, monte dans son char, dont *Automédon* tient les rênes ; celui-ci est coiffé d'une causia et vêtu de la longue robe des auriges. Derrière Achille, *Patrocle* debout, barbu et casqué, muni d'un bouclier argien et d'une lance, et couvert d'un simple manteau ; puis un vieillard drapé à barbe et à chevelure blanches, à qui l'on peut donner le nom de *Phœnix*, de *Pélée* ou de *Lycomède*, roi de Scyros. La jeune fille coiffée d'un cécryphale et vêtue d'une tunique talaire et d'un péplus, qui offre à Achille la libation du départ, est *Briséis*, ou *Déidamie*, si le vieillard est Lycomède. Devant les chevaux, et faisant face au héros, *Mercure* barbu, coiffé du pétase, vêtu d'une chlæna et chaussé d'endromides, tient le caducée, et caresse un des chevaux. Derrière lui, le centaure *Chiron*, couronné de myrte et drapé dans une chlamyde, assiste au départ de son élève. Il porte sur son épaule un arbre déraciné. Il a les pieds antérieurs d'un homme, forme que l'on continua d'attribuer à Chiron, alors même qu'on représentait les autres centaures avec quatre pieds de cheval.

Le mot ΚΑΛΟΣ répété un grand nombre de fois remplit tous les espaces vides du champ.

Intérieur : un éphèbe nu soulevant des haltères.

Cette belle cylix a été publiée (N. des Vergers, *l'Étr. et les Étr.*, t. III, p. 31, pl. XXXVIII).

138. — Amphore, fig. rouge pâle, détails blancs. Aux anses, palmettes sortant de troncs d'arbres, palmettes au col; guirlandes de laurier semées dans le champ. En bas, frise composée d'ornements en échiquier alternés avec des palmettes. — Première époque de la décadence.

Trouvée à Chiusi en 1851.

Hauteur 0m,51.

Hercule présentant à Jupiter une des pommes du jardin des Hespérides. Le héros est jeune, imberbe et nu; il porte sur le bras gauche la dépouille d'un cerf qu'on reconnaît à ses bois armés d'andouillers. De la main gauche il tient une massue, et de la droite le fruit peint en blanc qu'il offre à *Jupiter*. Le maître des dieux est assis sur son trône sans dossier (diphros), couronné de laurier, le foudre dans une main et s'appuyant sur son sceptre. Sa tunique sans manches laisse apercevoir un costume collant à ornements zébrés, que les Grecs donnent aux Scythes et aux Orientaux (voyez par ex. Ed. Gerhard, *Auserlesene gr. Vasenb.*, t. III, p. 50, pl. CLXVI, et t. IV, pl. CCLXVII. —*Trinksch. u. Gef. des K. M. zu Berlin*, p. 57, pl. K), ainsi qu'aux amazones. Un péplus couvre ses genoux ; il porte aux pieds des bottines (endromides) noires. Entre le dieu et le héros, s'élève un arbre chargé de fruits blancs rappelant le jardin des Hespérides.

Derrière le trône de Jupiter, *Apollon* et *Diane* sont debout; la déesse, vêtue d'une tunique talaire que recouvre une nébride, les cheveux retenus par une sphendoné, tient l'arc d'une main et des javelots de l'autre. Apollon couronné de laurier, entièrement nu, mais portant aux pieds des endromides semblables à celles de Jupiter, s'appuie de la main gauche sur une longue branche de laurier, et de la droite sur l'épaule de sa sœur qui tourne la tête vers lui. Devant eux, sort de terre un laurier. — Apollon avait promis l'immortalité à Hercule, comme couronnement de ses travaux. C'est précisément après avoir raconté l'exploit des Hespérides, que Diodore de Sicile ajoute : καὶ τοὺς ἄθλους ἐπιτετελεκὼς, τῆς ἀθανασίας τεύξεται, καθάπερ ὁ Ἀπόλλων ἔχρησεν (IV, 26).

La dépouille de cerf que porte Hercule, à la place de la peau du lion de Némée, est, comme l'a très-bien expliqué M. des Vergers, celle du cerf à qui la défense des fruits d'or est confiée. Cet animal est représenté, sur un vase de la collection Durand, au pied de l'arbre chargé des pommes d'or (J. de Witte, *Cat. Durand*, nº 308). Cette peinture a été gravée (Ed. Gerhard, *Auserlesene gr. Vasenb.*, t. II, pl. XCIX). Voy. aussi le miroir étrusque appartenant à M. Gerhard (*Etruskische Spiegel*, t. II, pl. CXL).

Une autre particularité, c'est la tête de *satyre* placée dans la frise au-dessous de la figure d'Hercule. On connaît les rapports qui relient fréquemment les satyres au mythe du héros (O. Müller, *Manuel d'arch.*, trad. Nicard, II, 393) ; ils paraissent sur les vases peints dans plusieurs faits de son histoire.

(Cf. Ed. Gerhard, *Auserlesene gr. Vasenb.*, t. I, p. 188, pl. LIX; Laborde, *Vases de Lamberg*, II, pl. XI; Passeri, *Pict. Etr. in vasc.*, t. II, p. 105 ; J. de Witte, *Mon. de l'Inst. arch.*, t. III, pl. 31; *Annales*, 1841, p. 303. — Les scènes de l'apothéose d'Hercule : Roulez, *Mon. de l'Inst. arch.*, t. IV, pl. 41; *Annales*, 1847, p. 263; J. de Witte, *Cat. d'une coll. de vases* (*Canino*), nº 96 ; Millingen, *Peint. de vases*, pl. XXVI ; *Bull. arch. Napolit.*, nouv. sér., t. III, 1855, p. 173, planche XIV. — Les Cercopes ayant la figure de satyres : voy. Gerhard, *Auserlesene gr. Vasenb.*, t. II, p. 89 ; cf. Millingen, *Peint. de vases*, p. 55 et pl. XXV ; *Mus. Greg.*, t. II, pl. XIII, 1 ; Tischbein, *Vases d'Hamilton*, t. III, pl. 37 ; et un beau scyphus à figures rouges du musée du Louvre.) — Un vase publié par M. Gerhard (*Herakles, der Satyr und Dreifussræuber ;* zum Winckelmannsfest ; Berlin, 1852, in-4º) représente Hercule faisant porter par un satyre le trépied de Delphes. Une cylix (Ed. Gerhard, *Trinkch. u. Gef.*, p. 9, pl. VIII) nous montre un satyre qui remplit auprès d'Hercule l'office d'échanson ; enfin, sur un beau stamnos du Mis Panciatico à Florence, Hercule est figuré jouant de la double flûte : un satyre le suit, portant sa massue ; un autre est devant lui, faisant le geste d'admiration.

Revers. Deux éphèbes imberbes et nus, *Oreste* et *Pylade*, des javelots à la main, une petite chlamyde flottant sur leurs bras, s'approchent de deux jeunes filles dont les poses semblent indiquer la surprise ; elles sont vêtues de tuniques talaires, et ont les cheveux noués derrière la tête. Oreste paraît se montrer à celle qui est le plus près de lui ; les deux autres personnages ne prennent qu'une part secondaire à l'action.

On reconnaît dans le second éphèbe, le κωφὸν πρόσωπον, toujours exactement semblable à son compagnon. Celle des deux jeunes filles qui joue le rôle principal peut être *Électre*, au moment où elle reconnaît son frère, et la seconde serait alors la personnification du chœur des vierges, sorte d'abréviation obligatoire pour les sujets de petites dimensions. Mais un détail essentiel manque ici : c'est l'urne qu'Électre doit recevoir des mains du jeune héros, ainsi que nous le voyons sur les diverses peintures qui représentent cette scène fameuse (cf. Laborde, *Vases de Lamberg*, I, pl. VIII ; Vinet, *Revue archéologique*, 1848, p. 73). On devrait peut-être, en conséquence, reconnaître Oreste et Pylade en Tauride accueillis par *Iphigénie*. Dans ce cas, la seconde femme serait l'acolyte de la prêtresse de Diane, telle que plusieurs monuments nous la montrent (cf. Braun, *Mon. de l'Inst. arch.*, t. II, pl. 43 ; *Annales*, IX, p. 198. — O. Jahn, *Mon. de l'Inst. arch.*, t. IV, pl. 51 ; *Annales*, XX, p. 207. — Ed. Gerhard, *Archäol. Zeitung*, 1849, p. 121 et pl. XII. — *Pitture d'Ercolano*, I, pl. 12), mais dont Euripide n'a point donné le nom.

Le premier sujet seul de ce vase a été publié (Noël des Vergers, *l'Étr. et les Étr.*, t. III, p. 3 et pl. IV).

139. — Stamnos, retouches brunes. Fouilles de 1850.
Hauteur 0m,40.

Hercule au tombeau de Pholus, de Croton ou d'Icare. — « Il arriva quelque chose de singulier à Pholus, l'ami d'Hercule ; car, pendant qu'il donnait la sépulture aux centaures tués dans le combat, il se blessa d'une flèche qu'il avait arrachée du corps de l'un d'eux, et il en mourut. Hercule l'ensevelit magnifiquement sous une montagne, tombeau plus glorieux qu'une stèle richement ornée. » (*Diodore de Sicile*, IV, 12.) Ce fait est également mentionné par Apollodore (liv. II, ch. v, 5).

— « Hercule tua involontairement Croton, lui fit des obsèques magnifiques, et lui éleva un tombeau. » (*Diod. Sic.*, IV, 24.)

— « Ayant abordé à l'île Dolichée, il y trouva le corps d'Icare qui y avait été apporté par les flots ; il lui donna la sépulture, et changea le nom de l'île en celui d'Icarie. » (*Apoll.*, II, v, 3.)

C'est l'un de ces faits que représente notre vase, peut-être plutôt un des derniers, puisqu'il est dit que Pholus eut une montagne pour tombeau. Mais la difficulté de représenter cette montagne a pu faire manquer l'artiste à l'exactitude de la tradition. Les monuments et les textes de l'antiquité nous montrent fréquemment des divergences considérables.

Hercule imberbe et entièrement nu, la tête ceinte d'un diadéma, est assis sur une base surmontée d'une stèle. Le héros a les cheveux crépus, détail exprimé par de petits globules noirs légèrement en relief. Un baudrier soutient son corytus; l'arc et la dépouille du lion sont déposés sur la base à côté de lui. Il appuie sa main gauche sur sa massue, et de la droite présente un dépas à une femme coiffée d'un cécryphale et vêtue d'une tunique talaire, qui verse une libation au héros. Un troisième personnage est debout derrière cette femme. Une partie de son vêtement et l'extrémité du fourreau de son épée sont seuls antiques.

Revers. Un *satyre* nu, de face, entre deux éphèbes drapés.

Malgré son mauvais état de conservation, ce vase se fait remarquer par la beauté de ses figures.

140. — Cratère d'un beau style. Chiusi, 1851.
Hauteur 0m,425.

Deux exploits de Thésée. Thésée imberbe et nu, la causia rejetée sur le dos, sa chlamyde roulée autour du bras gauche, s'apprête à frapper d'une massue *Procruste* entièrement nu, qu'il a étendu sur le lit où ce brigand faisait périr dans un affreux supplice les voyageurs qui tombaient entre ses mains. Le second exploit de ce fragment de Théséide est le combat contre la *laie de Cromnyon*. Le héros étendant en avant le bras gauche enveloppé de sa chlamyde attaque l'animal qui sort à moitié de son antre.

La présence du lit, sur les vases où l'on voit figuré le mythe de Procruste, est fort rare.

Revers. Trois personnages drapés, parmi lesquels un éphèbe tenant une phiale.

Ce vase a été restauré.

Il a été publié (N. des Vergers, *l'Étr. et les Étr.*, t. III, p. 11 et pl. XIV).

141. — Plat signé de Soclès. Fouilles de 1850.
Diamètre 0m,23.
Une *amazone* (entièrement nue ?), les cheveux attachés derrière la

tête, tient par la bride un cheval dont la queue a été peinte en rouge; au-dessus de cette figure : ϟOKVEEϟ EΓOIEϟEN.

Le centre de la peinture a été restauré.

L'artiste qui a signé ce plat est peu connu. MM. de Witte (*Noms des fabricants et des dessinateurs des vases peints : Rev. de phil.*, II, 1846, p. 498, § LX) et S. Birch (*Hist. of anc. pottery*, t. II, p. 56) n'en font mention que pour *une* coupe à figures noires, trouvée à Chiusi.

142. — Kélébé.

Hauteur 0m,45.

Les *Dioscures* nus, à cheval, armés chacun de deux longues lances. *Hélène*, vêtue d'une tunique talaire sans manches et d'un péplus, leur offre une libation. Derrière elle, une colonne dorique cannelée. A gauche, *Tyndare* à barbe et à chevelure blanches, vêtu d'une tunique et d'un péplus, tient un sceptre et lève la main gauche.

La coiffure d'Hélène offre une particularité curieuse : les cheveux sont rassemblés et noués sur le dos au moyen d'une bande d'étoffe, à peu près comme les disposaient les femmes italiennes du quinzième siècle.

Revers. Trois éphèbes drapés.

Ce vase a été restauré.

143. — Cratère, fouilles de 1850.

Hauteur 0m,33.

Œdipe imberbe, couvert d'une chlæna, l'épée au côté, la causia rejetée derrière les épaules, se tient, appuyé sur deux javelots, devant le *Sphinx* accroupi ; derrière le monstre, un personnage drapé.

Revers. Trois éphèbes drapés.

Ce vase a été restauré.

144. — Kélébé.

Hauteur 0m,40.

Ajax poursuivant Cassandre.—*Ajax* est imberbe, armé d'un casque, d'une lance et d'un bouclier qui a pour épisème un serpent. Il court en étendant la main vers la fille de Priam, qui prend la fuite. Celle-ci, vêtue d'une double tunique talaire et coiffée d'un cécryphale, se retourne et semble demander grâce. Un personnage drapé, tenant un sceptre, assiste à cette scène. Derrière Ajax, une femme, *Andromaque*, *Polyxène* (ΓOVV+ϟENE est le nom donné sur une peinture de vase : Ed. Gerhard, *Etr. u. camp. Vasenb.*, pl. XXII), ou une prêtresse (Τρώων ἱερεία, d'après un autre vase : Laborde, *Vases de*

Lamberg, II, 24), vêtue d'une double tunique talaire et d'un ampéchonium, s'enfuit dans le sens opposé.

Revers. Trois éphèbes drapés.

Nous préférons cette explication à celle qui pourrait nous donner Ménélas poursuivant Hélène, parce qu'on ne voit jamais le roi de Sparte imberbe sur les vases peints. Notre héros, au contraire, est identique à la figure d'Ajax qui se trouve sur un vase de l'ancienne collection Durand (J. de Witte, *Cat. Durand*, n° 410; R. Rochette, *Mon. inéd.*, pl. LX, p. 321). Voy. cependant le miroir du Musée Britannique (Brunn, *Bull. Inst. arch.*, 1865, p. 244; Kékulé, *Monum.*, VIII, pl. XXXIII; *Annal.*, 1866, p. 390; Gerhard, *Monatsb. der Akad. zu Berlin*, 1865, p. 674; 1866, p. 196).

Ce vase a été restauré.

145. — Stamnos, avec couvercle. Fouilles de 1850.
Hauteur totale 0m,395.

Scènes de départ. Un éphèbe imberbe, vêtu d'une tunique courte et sans manches, met une cnémide. Une femme vêtue d'une tunique talaire et d'un ampéchonium, les cheveux retenus par une sphendoné, lui présente un aulopis. Un homme enveloppé dans son manteau lui apporte une lance.

Revers. Un vieillard à barbe et à cheveux blancs apporte une lance et un bouclier argien à un éphèbe vêtu d'une cuirasse; ce dernier, qui a les bras croisés, tient son épée dans la main gauche. Une femme vêtue d'une double tunique talaire et d'un ampéchonium suit le vieillard en portant un casque.

Ce vase a été restauré.

146. - Cratère. Fouilles de 1850.
Hauteur 0m,345.

Une femme vêtue d'une double tunique sans manches et d'un ampéchonium, la tête ceinte d'un diadéma, tient une œnochoé et une phiale avec lesquels elle offre une libation à un éphèbe drapé tenant un bâton. — Un éphèbe vêtu d'une chlæna, la causia rejetée derrière les épaules et tenant deux javelots, s'éloigne des deux premiers personnages, vers lesquels il se retourne en faisant un geste d'adieu.

Revers. Une femme vêtue d'une tunique talaire et d'un péplus présente une phiale à un éphèbe drapé s'appuyant sur un long bâton recourbé. Derrière la femme, un éphèbe drapé s'éloigne en se tournant vers elle.

147. — Cylix. Vulci.
Diamètre 0,22.

Intérieur. Une femme vêtue d'une tunique talaire et d'un péplus, coiffée d'un cécryphale, tient d'une main un alabastron, de l'autre la barre de fermeture (?) d'une porte devant laquelle elle est placée.

Comparez à ce sujet la peinture intitulée par M. Gerhard: *Porte d'un jeune époux* (*Trinksch. u. Gef. der K. Mus. zu Berlin*, p. 47, et planche XXVIII).

148. — Cylix. Vulci.
Diamètre 0m,22.

Intérieur. Femme vêtue d'une tunique talaire et d'un péplus, coiffée d'un cécryphale, ajustant un oreiller sur une cliné près de laquelle est placé un hypopodium. Dans le champ, un miroir, et le mot ΚΑΛΟΣ.

149. — Cylix. Vulci.
Diamètre 0m,205.

Intérieur. Un homme barbu, la tête ceinte d'un diadéma, vêtu d'un long péplus et chaussé de souliers, tenant un scyphus de la main gauche et sortant d'une maison vers laquelle il retourne la tête.

Dans le champ ΗΟ ΠΑΙΣ ΚΑΛΟΣ.

150. — Cylix. Vulci, 1857.
Diamètre 0m,23.

Intérieur. Un éphèbe drapé s'appuyant sur un bâton cause avec une femme vêtue d'une tunique talaire et d'un péplus, coiffée d'un cécryphale.

Extérieur. Victoire ailée vêtue d'une tunique talaire et d'un péplus, coiffée d'un cécryphale et tenant une bandelette, entre deux éphèbes drapés.

Revers. Une femme vêtue comme les précédentes, tenant la dépouille d'une cuisse de chevreau, entre deux éphèbes drapés.

151. — Cylix. Vulci, 1857.
Diamètre 0m,23.

Intérieur. Éphèbe drapé tenant par les oreilles un lièvre qu'on voit de face.

Extérieur. De chaque côté, trois éphèbes enveloppés dans leurs manteaux, assis sur des cubes, dans des positions variées.

152. — Cylix. Fouilles de 1850.
Diamètre $0^m,22$.

Intérieur. Éphèbe drapé faisant avec une phiale une libation sur un autel.
Extérieur: Trois éphèbes drapés autour d'une stèle.
Revers. Un éphèbe drapé offre un sac à strigiles à un autre placé devant lui. Un troisième écarte son manteau de manière à se découvrir complétement le corps.

153. — Péliké, avec couvercle. Vulci, 1857.
Hauteur $0^m,28$.

Un pédotribe, l'aisselle appuyée sur son bâton, parle à un éphèbe qui tient un strigile et une longue baguette.
Revers. Deux éphèbes drapés et tenant des bâtons.

154. — Aryballos. Fouilles de Vulci.
Hauteur $0^m,14$.

Une femme vêtue d'une double tunique talaire sans manches, et coiffée d'un cécryphale, tient un coffret duquel pend une bandelette ; dans le champ, une autre bandelette.
La couleur rouge du fond du vase est un accident de cuisson.

155. — Scyphus. Fouilles de Vulci.
Hauteur $0^m,077$.

De chaque côté une chouette entre deux branches de laurier.

VASES A COUVERTE NOIRE, SANS PEINTURES.

156. — Une paire de rhytons en forme de corne, terminés par la partie antérieure d'un cheval. Vulci, 1857.
Hauteur $0^m,26$.
Hauteur $0^m,23$.

157. — Très-belle patère à ombilic. Vulci, 1857.
Diamètre 0m,20.

Ornée à l'intérieur de bas-reliefs représentant quatre divinités, chacune dans un quadrige conduit par la Victoire, et couronnée par Éros; en avant des chevaux se voit un animal symbolique. Un serpent pour le char de *Minerve*, une biche pour le char d'*Hercule*, un sanglier pour le char de *Mars*, et un cerf pour le char de *Bacchus*.

158. — Très-grand canthare. Vulci, 1857.
Hauteur 0m,30.

Les anses doubles sont décorées de nœuds et de fleurs. La panse, cannelée par le bas, est ceinte d'une riche guirlande de pampres. Très-belle couverte à reflets métalliques.

159. — Autre petit sans ornements. Couverte brillante.
Hauteur 0m,15.

160. — OEnochoé à panse cannelée; anse contournée décorée d'un mascaron d'acteur comique.
Hauteur 0m,18.

161. — Petit vase, à une anse ornée d'un fleuron très-élégamment modelé, et imitant l'attache d'un vase de bronze.
Hauteur 0m,9.

162. — Hydrisque.
Hauteur 0m,12.

163. — Olpé.
Hauteur 0m,18.

164. — Deux petites OEnochoés à bec très-serré.

165. — Cotyle évasé.
Diamètre 0m,18.

166. — Cotylisque de même forme.
Diamètre 0m,115.

167. — Coupe avec deux petites anses triangulaires; reflets métalliques.
Diamètre $0^{m},15$.

168. — Cinq petites coupes noires.

169. — Sept petits vases noirs de formes diverses, parmi lesquels un lécythus à col rouge.

170. — Deux supports.

FORMES SINGULIÈRES.

171. — Amphorisque, avec couvercle, sur le devant de laquelle a été ajustée une tête de mulet. Chiusi, 1850.
Hauteur $0^{m},27$.

La tête de mulet, modelée en ronde bosse, est peinte en couleur naturelle fauve, à la manière des rhytons. Sur les caractères dionysiaques du mulet, voyez les remarques des savants auteurs de l'*Élite des monuments céramographiques* (t. I, p. 129 sq.).

Le col du vase, à figures rouges, nous montre les suites les plus abjectes d'une orgie. Le crédemnon ceint la tête de plusieurs personnages, mais, comme l'a fait observer M. des Vergers, ce préservatif a manqué son effet.

Ce vase a subi de très-nombreuses restaurations.

Il a été publié (N. des Vergers, *l'Étrurie et les Étr.*, t. III, p. 9, et pl. XI).

172. — Espèce de canthare. Fouilles de 1850.
Hauteur $0^{m},18$.

La partie antérieure de ce vase est décorée d'une figure d'oiseau aux ailes éployées, dont la tête se détache en relief; derrière cette tête se trouve un goulot muni à l'intérieur d'une sorte de passoire à petits trous. De larges palmettes ornent la partie inférieure.

Revers. Sujet obscène.

Parties modernes.

173. — Rhyton. Fouilles de 1850.
Hauteur $0^m,155$.

Tête de nègre, cheveux peints en blanc et visage peint en noir. Beau travail et bonne conservation.

174. — Vase en forme de lion, trouvé à Vulci en 1852.
Longueur $0^m,19$.

D'un très-beau modelé. Le pelage, de couleur naturelle, est soigneusement exprimé. Un goulot et une anse s'élèvent sur le dos de l'animal, qui repose sur une base très-légère, décorée de méandres.

175. — Vase en forme de canard. Vulci, 1857.
Longueur $0^m,26$.

Les plumes sont dessinées en jaune et noir relevé de blanc. Une anse va du cou de l'oiseau à l'embouchure placée sur le dos; sur la poitrine sont dessinés deux profils de femme.

176. — Petit vase en forme de canard. Vulci, 1857.
Longueur $0^m,10$.

177. — Vase en forme de sanglier accroupi, terre cuite non peinte. Vulci, 1857.
Longueur $0^m,16$.

---

178. — *Peintures modernes*. Une amphore, un grand cratère, un bel oxybaphon, une kélébé, trois stamnos, un scyphus, deux rhytons, et plusieurs vases en morceaux. Ces divers objets, d'une forme élégante, seront vendus séparément.

VASES DE FABRIQUE ÉTRUSQUE.

Imitations des vases grecs à figures noires.

179. — Amphore trouvée à Chiusi, en 1851.
Hauteur 0^m,39.

Héros coiffé d'un pétase ailé, et muni d'un arc, combattant deux hoplites casqués et armés de boucliers. L'un d'eux est renversé à terre, l'autre se défend avec une hache. Un corytus est suspendu au bras du héros, qui détourne la tête.

Revers. Trois personnages ailés, vêtus de longues tuniques, armés de boucliers et de lances, marchent dans le même sens et regardent en arrière. L'un de ces personnages (qui semblent être des femmes) a la tête nue, les autres ont des casques surmontés de grandes plumes droites, comme ceux des guerriers figurés dans les hypogées étrusques.

Les figures ailées qui décorent ce revers rappellent, par leur style et leur ajustement, celles qui se voient sur un vase de même fabrique (J. de Witte, *Monuments de l'Inst. arch.*, t. III, pl. L; *Annales*, XV, p. 60. — Ed. Gerhard, *Auserlesene gr. Vasenb.*, t. III, p. 91, et pl. CXCIV).

Ce vase a été publié (N. des Vergers, *l'Étr. et les Étrusq.*, t. III, p. 11, et pl. XV).

180. — Amphore. Palmettes.
Hauteur 0^m,40.

Deux centaures barbus.

Revers. Deux femmes nues, courant en sens opposé.

181. — Petite amphore. Fouilles de Vulci.
Hauteur 0^m,23.

De chaque côté, un cheval.

Vases à figures jaunes.

182. — Stamnos. Larges palmettes aux anses.
Hauteur 0m,365.

Diane orientale, vue de face, la tête couverte du bonnet recourbé. Elle est vêtue d'une tunique courte, chaussée de sandales, tient un javelot de la main droite, et, de la gauche, son arc qu'elle élève à la hauteur de sa tête. Une biche court auprès d'elle, en levant la tête vers sa maîtresse. Dans le fond, un tronc d'arbre sur lequel est perché un oiseau.

Revers. Éphèbe vêtu d'une tunique succincte, tenant des deux mains un poisson au-dessus de la tête d'une femme assise sur un tertre. Celle-ci est vêtue d'une tunique talaire sans manches et d'un péplus qui couvre ses genoux.

183. — Stamnos, faisant pendant au précédent.
Hauteur 0m,359.

Les mêmes sujets avec quelques variantes.

Diane, au lieu de l'arc, tient une bandelette blanche et rouge. Elle est vêtue, comme les amazones, d'anaxyrides et d'une tunique courte; ses pieds sont chaussés d'endromides. C'est un cerf qui accompagne la déesse.

Revers. L'éphèbe porte une tunique non succincte; la femme, vêtue en amazone d'une tunique succincte et d'anaxyrides, est coiffée du bonnet recourbé.

184. — Cratère. Larges palmettes aux anses.
Hauteur 0m,415.

Femme ailée (*Victoire*) vêtue d'une tunique talaire et d'un ampéchonium, tenant un thymiatérium; à ses pieds est une oie.

Revers. Femme ailée, vêtue comme la première, tenant un thyrse.

Bonne conservation.

185. — Cratère. Larges palmettes aux anses.
Hauteur 0m,40.

Femme couronnée de myrte vêtue d'une tunique talaire, attachée à ses épaules par deux grandes fibules, tenant un gros coussin brodé de couleurs variées.

Revers. Un satyre imberbe et nu, chaussé d'endromides, tient aussi un coussin tout semblable.

186. — Cylix. Palmettes.
Diamètre 0m,23.

Intérieur. Un éphèbe nu, orné d'un cordon de perles, et assis sur un rocher, saisit une femme également nue, qui s'éloigne en se retournant vers lui. Ils sont tous deux chaussés.

Extérieur. Un éphèbe nu, tenant un miroir et un coussin en face d'une femme tenant un miroir.

Revers. Même sujet.

187. — OEnochoé à col droit ornée de palmettes.
Hauteur 0m,34.

188. — Autre semblable.
Hauteur 0m,332.

189. — Autre semblable.
Hauteur 0m,32.

190. — Autre semblable.
Hauteur 0m,21.

191. — Autre de plus petites dimensions ornée d'une ligne de flots et d'une guirlande de myrte.
Hauteur 0m,15.

192. — Petite pyxis ornée de palmettes, avec couvercle.
Hauteur 0m,15.

193. — Autre semblable, sans couvercle.
Hauteur 0m,10.

194. — Plat à anses surélevées, décoré d'ornements noirs et jaunes.
Diamètre 0m,24.

Fabrique particulière.

Les monuments de ce style, probablement Italiote, appartiennent à la dernière époque de la production des vases. Il semble que ceux qui les ont fabriqués aient ignoré le mode adopté par les artistes de l'école grecque : car les figures, d'un rouge dur, sont peintes en applique sur la couverte noire, au au lieu d'être réservées, et les contours ont été ensuite gravés au poinçon.

195. — Vase en forme de canthare couvert, à deux embouchures. Fouilles de 1850.
Hauteur 0^m,19.

Sujet de palestre. Sur le dessus, dieux marins.
Parties refaites.

Poteries à couverte brillante. (Vulci, fouilles de 1857.)

196. — Un plat à bords renversés.
Diamètre 0^m,27.

197. — Un autre plus petit.
Diamètre 0^m,19.

198. — Six petits plats à bords renversés; le centre est orné de quatre petites rosaces imprimées. Reflets métalliques.
Diamètre 0^m,15.

199. — Sept autres plus petits.

200. — Autre petit. L'inscription ꟾИVИ est peinte en rouge clair sur le bord. (Forme étrusque de *Nonius*. — Fabretti, *Glossarium italicum*, p. 1260.)
Diamètre 0m,12.

201. — Trois plats à bords droits.
Diamètre 0m,20. — 0m,20. — 0m,18.

202. — Deux petites coupes noires.

203. — Petit stamnisque.
Hauteur 0m,12.

204. — Scyphus à ornements peints en blanc, avec une anse verticale, et une horizontale.
Hauteur 0m,8.

205. — Trois très-petits vases en forme d'œnochoé.

BRONZES.

206. — Amphore à couvercle.
Hauteur totale 0m,61.

La panse est ornée d'une rangée de masques de Gorgone et d'un masque de satyre.

Le couvercle, surmonté d'une figurine de Jupiter, est orné dans son pourtour d'une rangée de griffons ailés.

207. — Amphore à pied cannelé.
Hauteur 0m,27.

Les anses, formées de deux lames, sont décorées de lignes perlées.

208. — Amphore.
Hauteur 0m,185.

209. — Grande situle à anse mobile. Les médaillons d'attache sont décorés de quatre têtes de béliers en relief.
Hauteur 0m,27.

210. — Situle, à double anse mobile, ornée de deux mascarons dont un sert d'embouchure.
Hauteur 0m,175.

211. — Situle ovoïde apode à anse mobile.
Hauteur 0m,145.

212. — Autre semblable.
Hauteur 0m,14.

213. — Autre ornée de mascarons et de cannelures.
Hauteur 0m,15.

214. — Vase à panse renflée. Partie supérieure fracturée. Double anse mobile.
Hauteur 0m,19.

215. — Tour d'un cratère antique, avec trois pieds, deux anses, monté sur un plat italien du xve siècle.
Diamètre 0m,35.

216. — OEnochoé à col étroit.
Hauteur 0m,24.

217. — OEnochoé; anse torse avec palmettes au point d'attache, et rinceaux à la partie supérieure.
Hauteur 0m,34.

218. — OEnochoé à embouchure trilobée; anse surélevée.
Hauteur 0m,26.

219. — Passoire à manche.
Longueur 0m,30.

220. — Deux plats.
Diamètre 0m,28 pour les deux.

221. — Plat avec une anse en forme d'anneau, fragmenté.
Diamètre 0m,30.

222. — Patère profonde à ombilic.
Diamètre 0m,19.

223. — Plat très-mince, avec ombilic et deux anses verticales.
Diamètre 0m,33.

224. — Patère creuse, à manche terminé par un anneau.
Longueur 0m,29.

225. — Patère creuse, à manche terminé par un crochet.
Longueur 0m,30.

226. — Cinq petits vases.

227. — Neuf petits vases de formes diverses.

228. — Vase en forme d'ampoule très-mince, décoré d'ornements exécutés au repoussé.
Hauteur 0m,17.

Argent à très-bas titre.

229. — Un lot de quatre canthares.

230. — Petite pyxis.
Hauteur 0m,55.

231. — Ascos sans anse.
Hauteur 0m,115.

232. — Vase cylindrique porté sur trois petits pieds d'animal à sabot fendu.
Hauteur 0m, 135.

233. — Vase à fond très-large, avec une petite anse.
Hauteur 0m,22.

234. — Vase à panse renflée, sans anse.
Hauteur 0m,15.

235. — Une paire de grandes anses, munies chacune de deux plaques d'attache en forme de feuilles d'arbre, et décorées de mascarons de satyres.

236. — Trois autres anses.

237. — Une forte poignée de vase, avec plaque d'attache en forme de feuille d'arbre.

238. — Un lot d'anses de différentes grandeurs.

239. — Candélabre supporté par trois griffes de lion. Vulci.
Hauteur $0^{m},93$.

240. — Petit candélabre à trois pieds de cheval, et dont la tige, à rondelles, est supportée par une figurine. Vulci.
Hauteur $0^{m},38$.

241. — Plateau de couronnement d'un candélabre, orné d'une guirlande de lierre, d'un rang de perles, et d'une bordure d'oves.
Diamètre $0^{m},11$.

242. — Une paire de chenets portés sur des pieds en fer-à-cheval.
Longueur $0^{m},33$.

243. — Un forceps, ou pince à feu. Pièce très-rare. Trouvé à Vulci, fouilles de 1857.
Longueur $0^{m},32$.

244. — Grand foculus (*brasero*) circulaire, avec deux poignées et trois pieds à griffes de lion.
Diamètre $0^{m},585$.

245. — Foculus quadrilatère, porté sur quatre rouelles découpées à jour. Il est orné aux angles de quatre figures de lion marin.
Longueur $0^{m},53$.
Hauteur $0^{m},34$.

246. — Miroir gravé.
Diamètre $0^{m},18$.

Deux femmes ailées et entièrement nues, assises en face l'une de l'autre, sur des tertres couverts par le vêtement dont elles se sont dépouillées. Celle de droite s'appuie sur une lance, celle de gauche tient une lyre et un plectrum. Un grand rocher s'élève au-dessus de la tête de cette dernière.

247. — Miroir représentant les deux *Dioscures* debout. Dans le fond, un temple.
Diamètre 0^m,12.

248. — Autre. Les deux *Dioscures* appuyés sur leur bouclier; dans le champ, un astre.
Diamètre 0^m,11.

249. — Miroir décoré d'une palmette, avec manche d'os.
Longueur 0^m,33.

250. — Deux autres petits miroirs sans gravure.

251. — Couvercle de boîte à miroir, décoré de figures en relief : *Ariadne* abandonnée, plongée dans la douleur, et soutenue par deux femmes.
Diamètre 0^m,13.

252. — Un disque convexe, et poli comme un miroir.
Diamètre 0^m,20.

253. — Double plaque de bronze, de forme triangulaire contournée, surmontée d'une charnière, et décorée de trois rosaces formées de moulures concentriques.
Hauteur 0^m,12.

254. — Une pointe de lance.
Longueur 0^m,14.

255. — Strigile.
Longueur 0^m,26.

256. — *Fer*. — Griffe composée d'une longue douille décorée d'annelures en relief, terminée par sept pointes recourbées, et portant, à l'intérieur, une seconde griffe à sept pointes, au milieu de laquelle s'élève un anneau. Cette seconde

griffe tient à la première par un montant, et ne lui est pas concentrique.

Longueur 0m,48.

Ustensile de forme très-singulière.

PEINTURES.

257. — Peinture provenant d'Herculanum.

Hauteur 0m,21.
Longueur 0m,53.

Champ noir, avec une bordure blanche chargée de chevrons rouges. Le tableau est composé de cinq figures disposées comme il suit, en partant de la gauche: une femme vêtue d'une tunique et d'un péplus se tient debout, les jambes croisées, le coude gauche appuyé sur un cippe dans une attitude méditative. Près d'elle, un homme à demi nu assis sur un trône, tient une haste et pose le pied gauche sur un scabellum; une chlamyde bleue est jetée sur sa cuisse. Devant lui, marchent deux femmes; l'une, vêtue d'une tunique et d'un péplus pourpre bordé de bleu, soutient des deux mains une grande *arca* placée sur ses épaules; l'autre, vêtue de blanc et de violet clair, a pour attributs une œnochoé et un grand disque orné de bandelettes écarlates. Ces figures sont précédées par une petite fille qui joue de la double flûte. Elle a la tête ceinte d'une tænia, et son costume se compose d'un exomis et d'une tunique talaire rouges, à larges bordures bleues.

Elle a été publiée (*Pitture d'Ercolano*, t. II, pl. XXI; *Catal.*, t. VII, p. 44, n° 228).

258. — Autre, faisant pendant à la première.

Hauteur 0m,21.
Longueur 0m,52.

Même champ et même bordure. Femme debout, vue de dos, enveloppée dans un péplus bleu, tenant une scaphé pleine de fruits.

Une autre femme, couronnée de pampres et tenant une couronne du même feuillage dans la main gauche, détourne la tête vers la première femme. Elle est assise sur un rocher, et vêtue de plusieurs tuniques dont l'une est de pourpre. Une femme debout devant elle lui présente un thyrse. Un petit génie bachique ailé, couronné de pampres, portant sur l'épaule gauche une chlamyde, tient un flambeau, et semble vouloir attirer l'attention d'une quatrième femme vêtue d'un péplus bleu, d'une tunique rouge, et posant le pied sur une petite élévation. Cette dernière figure a le menton appuyé sur sa main gauche.

Elle a été publiée (*Pitture d'Ercolano*, t. II, pl. XXIII; *Catal.*, t. VII, p. 50, n° 254).

Ces deux belles peintures, et huit autres de mêmes dimensions, de même style, furent trouvées, avant 1755, dans les fouilles d'Herculanum. Toutes ensemble ont été gravées avec soin dans le grand recueil publié par les académiciens de Naples.

OBJETS DIVERS.

259. — *Terre cuite.* — Masque de femme, de très-ancien style; son front est décoré d'une stéphané. Vulci, 1857.

Hauteur 0m,225.

260. — *Terre cuite.* — Femme assise sur un trône à large dossier, les mains posées sur les cuisses. Son cou est orné d'un collier formé de pendants.

Traces de coloration. Très-ancien style. Vulci, 1857.

Hauteur 0m,21.

Ces figurines se plaçaient dans les tombeaux, ainsi qu'on peut le voir dans le petit cercueil publié par le baron de Stackelberg et gravé dans un grand nombre d'ouvrages.

261. — *Terre cuite.* — Buste de femme, avec un péplus peint de vives couleurs. Deux trous pratiqués sur les côtés de la

robe servaient à passer la broche qui maintenait deux jambes mobiles. Vulci, 1857.

Hauteur 0m,9.

262. — *Terre cuite.* — Grand vase à pied, divisé en quatre récipients, surmonté d'une anse cordée. Sur chaque face, un cygne dessiné au trait en brun, les ailes éployées; les détails des ailes sont rouges. Palmettes peintes sur la panse des godets. Quelques fractures.

Hauteur 0m,25.

263. — Deux petits vases étrusques de terre rouge, sans couverte ; fabrique extraordinairement légère.

L'un en forme de coupe plate à deux anses, l'autre en forme de bombylios, dont la panse est semée de larmes en relief. Vulci, 1857.

264. — Vingt-huit vases de formes diverses.

265. — Deux ascos.

Longueur 0m,17.
Hauteur 0m,10.

266. — Très-petite coupe portée sur un pied évasé, décoré de zones noires.

Hauteur 0m,12.

267. — Un lot de huit lampes. Vulci, 1857.

268. — Petit vase en terre rouge, étrusque, avec une anse décorée d'un nœud.

Hauteur 0m,112.

269. — Beau collier de pâte de verre de diverses couleurs, composé d'un baril, de quatre gros grains, de trois plus petits, et de douze cylindres imitant l'agate rubanée.

Très-belles couleurs.

270. — Petite ampoule de verre.

271. — Petit alabastron de verre bleu, décoré de chevrons et de lignes de diverses couleurs.
Hauteur $0^{m},8$.

272. — Alabastron d'albâtre.
Hauteur $0^{m},13$.

273. — Autre.
Hauteur $0^{m},11$.

274. — Autre, pointu par le bas.
Hauteur $0^{m},12$.

SCULPTURES ITALIENNES.

275. Bas-relief de travail italien.

Buste de Saint-Jean-Baptiste jeune, tourné vers la gauche. Pierre grise.

276. Bas-relief italien.

La Sainte-Vierge, tenant l'enfant Jésus sur ses genoux. Près d'elle, saint Jean enfant. Dans le fond, vue d'une ville entourée de murailles. Terre cuite, ovale.

TABLE.

www.ingramcontent.com/pod-product-compliance
Ingram Content Group UK Ltd.
Pitfield, Milton Keynes, MK11 3LW, UK
UKHW021112290826
14628UKWH00014B/1860

9 782329 501239